MÁS ALLÁ DE LAS FUERZAS

MARÍA DEL SOL

MÁS ALLÁ DE LAS FUERZAS

MARÍA DEL SOL

Mariana Castillo

CR860
C352m   Castillo Padilla, Andrea Mariana
3   Más allá de las fuerzas : Maria del Sol / Andrea
DNX   Mariana Castillo Padilla — Primera edición — San José,
            C.R. : AUTORA, 2022.

            112 páginas : 15 cm x 23 cm (Serie: Mas allá de las
            fuerzas; N°3)

            ISBN 978-9968-03-111-0

            1. Literatura costarricense. 2. Relato/historia real.
            3. Ilusiones/deseos de vivir. 4. Esperanza/dolor/amor.
            I. Título.

Mario Madrigal Madrigal (Diseñador Gráfico)

madrigalmadrigalmaraio@gmail.com

Yeiner Quesada Espinoza (Dibujante)

yquesadaespinoza@gmail.com

Priscilla Rivera Jiménez (Editora)

pririji@hotmail.com

Dedicatoria

"A María del Sol, presente en tantas mujeres y hombres, que viven la vida, agradecidos con lo que tienen".

Este libro fue inspirado en la historia de una joven , con características sencillas y sentimientos hermosos . Una persona llena de vida e ilusión . Alguien que dejó a su paso recuerdos cargados de mil historias de un pasado feliz.
Ser luz en medio de sombras no es fácil. Mejor aún poder brillar en donde existe claridad , es algo que tienen aquellos que representan a quienes saben que lo mejor está en el dar y no tanto en recibir.

Agradecimientos

A las familias que comparten conmigo sus historias personales. Gracias por abrir su corazón y permitirme que estos ejemplos de vida lleguen a muchas personas a través de los libros.

Atesoro en mi corazón cada encuentro vivido con ustedes. Las palabras llenas de ilusión y al mismo tiempo dolor.

Ustedes me han enseñado que la vida no es sencilla, pero que aun en medio de situaciones difíciles el amor se vuelve escudo y corona para darnos las fuerzas que se creían perdidas.

Dios les multiplique en bendiciones y prosperidad el gesto de amor para el mundo al regalarnos sus increíbles historias.

Prólogo

La historia presente, es la tercera de la colección Más allá de las Fuerzas y se fundamenta en un caso de vida real. Tiene por título María del Sol como su personaje principal.

Es de esas lecturas que dejan huella, al hacernos reflexionar sobre el destino; en donde muchas veces los anhelos del corazón se cumplen y en un abrir y cerrar de ojos desaparecen.

En ocasiones la vida puede jugarte una mala pasada. Los mejores deseos no llegan a cumplirse y sentimos un vació. No obstante, en estas letras se evidencia un giro que va de la alegría, a la tristeza, para luego entender que poder alcanzar la felicidad es sencillo si valoramos aquello que se tiene cerca.

María del Sol, es una adolescente distinta a otras de su edad, con un gran deseo "tener su propia familia feliz". Sueña y vive expectativas para un futuro, donde se albergan todas las ilusiones de convertirlos en realidad.

Con la fuerza que da esta motivación, inicia su camino a convertirse en madre de muchos hijos. La emoción y positivismo al estar casada con el hombre ideal para ella abren un mundo maravilloso, que pronto se ve opacado por las "malas jugadas del destino". En este libro encontramos una joven pareja que sufre con la pérdida de un niño, amado desde el principio. Ocasionando dolor a la familia entera.

Pero la vida es bella, decía María del Sol, así que nuevamente se da la oportunidad de ser madre y da a luz una hija prematura que debe llevar como mamá canguro, para salvaguardar su vida por tres meses. Tiempo después, un tercer embarazo llega, pero este se ve comprometido por grandes complicaciones respiratorias en María del Sol, aunada a la mala praxis durante el alumbramiento, dando como resultado la perdida de ambos.

Esta historia es narrada por Julieta, madre de María del Sol. Se desarrolla en una zona rural de Costa Rica, donde se carecen de equipos médicos y se vive a grandes distancias en relación a la ciudad. Por ello, ante cualquier complicación durante un embarazo u otra enfermedad se puede dar como resultado el fatal desenlace.

El dolor gira alrededor de esta familia, que luego de ser unida, termina con un terrible alejamiento. A Julieta, no solo le arranca el destino su hija, sino que se ve envuelta en muchos sentimientos de dolor a causa de la separación de su nieta y cambios de sentimientos por parte de otros de sus hijos.

La desesperanza, puede traer mucho dolor a la vida, pero siempre podemos encontrar una luz brillante, más allá de nuestras propias fuerzas.

Dios, ser supremo no dará pruebas que no se puedan superar, aunque de momento el sentimiento sea distinto. A través de las páginas de esta historia encontrarás fuerzas para continuar. La lectura de este libro ha de servir para hacer una introspección de nuestra propia vida, y ser agradecidos con las cartas que nos han entregado.

El mensaje de la historia bellamente escrita por Mariana Castillo dejará en el lector una sensación de sentimientos mezclados con la cercanía manifestada en la complicidad de sus personajes. Cualquier adversidad se puede vencer si se tiene una buena actitud, aunque todo parezca estar, más allá de las fuerzas.

Cristy Rivera.
Naranjo, Alajuela Costa Rica.

La noche pasa y no detiene el reloj su marcha constante. Con pluma en mano escribo la historia de un gran amor.

Luz tenue en mi lámpara de mesa, juguetea entre sombras vagas esas letras que se desbordan en palabras que no me contestas más.

Entre callada y cortando un suspiro, pienso en esa mirada cálida, tierna, sutil.

Alma mía, ¿Por qué callas?, no sabes que eso me hace daño. Me ahogo en tu ausencia y me quiebro en tu silencio.

La guerra entre lo que es y lo que fue, se desata dentro de mi pecho y explota cuál bomba intensa lanzada al campo de batalla.

Esta guerra le he perdido, no puedo hacer más. ¡Luche tanto!, pero el destino quiso separarnos. Imagino, por un instante que de haberla ganado el cielo con las manos abría tocado.

Amor mío ¿Dónde estás?
¿Por qué no vienes a verme?
No imaginas cuanto te extraño…

Escribir me ayuda a liberar el alma. Cada vez que mi corazón se inquieta, mil pensamientos pasan por mi mente. Antes menguaba mi tristeza con llanto y depresión. Ahora, prefiero escribir, por muchas horas. Mil historias.

Letras que son parte de lo que siento. De lo que quiero, lo que imagino.

Escribir me ayuda a sanar. Podría decir, que es la forma más linda que tengo para demostrarle mi amor.

Me llamo Julieta y tal vez creas que soy la protagonista de esta historia. Pero no es así.

Soy una mujer sencilla, que nació y creció en un maravilloso lugar. Madre de cuatro hijos Sol, Sebastián, Ricardo y Noelia. Cada uno con su particular forma de ser. Únicos, diferentes. Mi más grande tesoro.

Narraré la historia que dejó marcas profundas, tanto en mi vida, como en la de otras personas.

La vida es todo un reto.

La montaña se sube y no sabemos cómo tocará bajarla.

Existen recuerdos que no se van de la mente, jamás.

Recuerdos que guardamos en un lugar tan sagrado que nadie más puede saber de ellos sin nuestra autorización. A veces nos adentramos en esos pensamientos para deleitarnos en lo que fue, o llorar un poco, por lo que faltó.

Historias hay miles.

Cada persona si escribiese el libro de su vida, encontraría placer o desgracia al poner cada letra en el papel.

La vida no es fácil, pero tampoco es un caos.

Solamente que hay historias que pesan tanto, que toca descansar en el camino para luego continuar el viaje.

Dedicaré este espacio para hablarte de María del Sol, mi hija. Alguien que dio más de lo que podía dar. Y, aun así, nunca se quedó con las manos vacías.

*N*uestra casa está situada en un hermoso pedacito de cielo, rodeado de montañas. Tan verdes que destilaban frescura.

El misterio que da la soledad, en más de una hora de camino, hasta llegar a la primera casa, daba la impresión de ser un lugar de encanto.

Un pueblo pequeño, con casitas de madera. Alejado totalmente de la ciudad.

En ese tiempo, tocaba caminar muchos kilómetros para poder tomar el autobús que nos trasladaba a la capital.

Tener un carrito era un privilegio de pocas familias. Entre ellas la mía.

No porque fuéramos gente adinerada, sino, por el gran esfuerzo y empeño que mi marido realizó siempre por darnos lo mejor.

Me casé con Marvin, un hombre valiente como pocos. Amable y trabajador. Lo conocía de toda la vida.

Juntos procreamos cuatro hijos. Él se encargó de trabajar a diario en el campo y yo me dediqué a la casa.

A nuestra familia no le sobraban cosas, pero tampoco nunca nada nos faltó.

Sol fue la mayor de nuestros hijos. Su papá y yo queríamos ir lento en eso de tener descendencia, y así lo hicimos los primeros cuatro años.

Luego el exceso de amor entre nosotros trajo de seguido a los otros tres muchachitos.

A él, le toco redoblar el trabajo para alimentar más bocas.

María del Sol mi hija, se volvió pilar de vida, ya que fue quien más me ayudo a cuidarlos. Porque entre las cosas del hogar, el cuido de animales y las tantas diligencias que hay que hacer cuando se tiene niños pequeños, hacían que se me acortaran los días y se me esfumara el tiempo.

Esto le dio a ella, un sentido de amor y protección más fuerte que otras chicas de su edad.

Demostraba amor de forma cálida con su trato directo hacia las demás personas y en especial con su hermano, Sebastián.

Ella y nadie más que ella logró dar tanto cariño, a este muchachito, que le alcanzó incluso cuando él perdió las fuerzas.

Dicen, que uno guarda una insospechada fuerza y energía cuando todo parece estar perdido.

El amor que ella le daba se albergó tan adentro de su corazón, que lo llenó. Hasta el punto de transformarse en luz que lo ayudo a salir de la sombra.

Con el pasar de los años, la complicidad entre ambos fue marcada por el mismo destino.
Ella lograba defenderlo de todo, incluso de él mismo.

Y es que a veces pasa. Nos volvemos enemigos de nuestro propio ser, cuando obviamos los deseos que desemboca nuestra mente y alegran el alma.

Sebastián era frágil y ella se encargó de volverlo fuerte.
No es que yo, como su madre no lograra hacerlo, pero algo entre ambos se hacía más grande con el paso de los años.

Luego vino mi otro hijo, Ricardo.

Para ese momento, Sol con mil palabras emocionadas contaba afanosa su día al llegar de la escuela. Hacía rápidamente la tarea y se dedicaba el resto de la tarde a chinear a sus hermanos. Pero el tiempo pasa y los niños "joden mucho", decía ella. Y esos dos retoños míos cuando les daba por llorar hacían un concierto de esos buenos, que luego de un rato, terminaban por ponerle a uno la vida de cabeza.

Por eso quizás, cuando quedé embarazada para mi hija menor, Sol siendo aún niña me expresó el cansancio que ya sentía por el ajetreo de todos los días de la siguiente manera:

- ¡Hay mamá!, ¿Otra vez embarazada?, No cuente para nada conmigo.

Y se marchó a su cuarto tarareando una canción que ella misma se inventó.

Seguramente sus otros hermanos la volvían loca. Pero loca de amo. Porque pasado solo algunos días, la mujer ya estaba deseando tener en sus brazos a su hermana para poder chinearla y darle mucho amor.

La adolescencia llegó.
Sol, siempre fue una joven independiente .
Creció rápido . No solo en estatura , sino en madurez y sentimientos.
Alegría y espontaneidad son dos palabras que la definieron siempre.

Mostraba una forma de ver la vida tan distinta a todas las demás personas , que el hecho de poder contar su historia será solo un anticipo, a eso que quiero entiendas.

El sentido que debemos dar a cada día en la vida no tiene que ver con cosas materiales, sino con aquello que llevas dentro de tu corazón.

Porque, no es solo hacer por hacer las cosas, y vivir en automático el día a día. Es dar el corazón y el alma en lo que vives y sientes.
Es ser distinto aun en medio de tanta gente.
Es vivir la vida sin importar el que dirán.

Ella siempre decía:
-Mamá, uno debe lograr sacar lo bueno de cada persona y si esa persona no tiene "nada de bueno", algo haremos para que lo sea.
- No hay que restarle méritos a nadie, sino sumarle, aunque no sepa contar.

A los dieciséis años, Sol quiso independencia financiera y se fue a trabajar San José.
Llegó recomendada por un vecino a un lugar llamado "Obras Sociales".

Hay, tenía la responsabilidad de cocinar. Algo, de mucho cuidado. Más aún para una jovencita de su edad.

Pero, cuando alguien ama lo que hace. El peso del quehacer y el cansancio del día, se vuelven nada, comparado a lo que das con tu accionar.

La responsabilidad y eficiencia en su trabajo, poco a poco le dieran ventaja. Y con pocos días de trabajo la nombraron jefa de cocina, en un lugar dedicado a servir a los más necesitados.

Ella y sus recetas inventadas lograron dar un excelente gusto al paladar de quienes cada día disfrutaban comida casera, con sabor de amor.

Llegado el día de pago, recogía lo que se ganaba y salía corriendo, a gastarlo en cositas para sus hermanos e incluso para mí.

Como vivíamos lejos, se quedaba en la capital toda la semana. Así que en cuanto llegaba el viernes, cargaba sus maletas y eufórica volvía a casa.

- "Darse un gustito es bueno", decía siempre que traía "La comedera".

-Comerse un buen pedazo de pollo o traer todo lo necesario para una buena olla de carne, "eso sí que es vida".

Cosas sencillas, que hacían grande el momento.

Sol miraba esos detalles como algo mágico y espectacular.

Uno debe aprender a ser feliz con lo que tiene hoy. Mañana quizás no alcanza el dinero o estás enfermo y ya no puedes comer lo que quieres.

-El dinero va y viene. Úselo, en aquello que le haga feliz. - Decía.

Cuando cumplió los diecisiete años, Sol conoció al amor de su vida.

Era diciembre y como es común en los pueblos se realizan festejos tradicionales. En ese tiempo, ir a un baile era algo maravilloso, porque probablemente ahí encontrarían un buen pretexto para "ennoviar". No es como ahora, que todo comienza a puro mensaje de texto y red social. En ese momento contaba mucho la presencia física para empezar todo y seguir probablemente hacia algo más formal.

Ella se enamoró como princesa de cuento de hadas, en donde el amor dura para siempre.
Él por su parte, se dejó llevar por el encantó que producía su presencia.
Eran el uno para el otro. Se enamoraron como pocos lo hacen de verdad.

Las constantes demostraciones de cariño, dieron paso a que en poco tiempo un bebé creciera en el vientre aún juvenil de mi Sol.
Ella dejó de trabajar y volvió a casa.

Yo no estaba del todo feliz con lo que pasaba. Era muy niña aún.

Como madre, quería que estudiara, que disfrutará un poco más de la vida. En el lugar donde estaba tenía la oportunidad de llegar a ser "alguien más".

Pero ¿Qué se iba hacer?, así es la vida y ella había elegido. Quería casarse, tener una familia y engendrar muchos hijos.

Estaban locos. Pero locos de amor.

La boda se realizó una mañana fría del mes de octubre.

Pocas personas. Una oficina corriente de un bufete de abogados.

Un matrimonio civil, con un ambiente seco. En donde lo único que daba luz, era la mirada de amor y la ilusión de mi hija.

No había mucho dinero. Así que prefirieron usar lo poco que tenían para construir su casita.

La prisa de tener toda una vida juntos los llevó a decidirlo así.

Yo soñaba con verla vestida de blanco, entrando a una iglesia y al contar con la bendición de Dios, celebrar con una fiesta muy bonita, en la que asistiría mucha gente.

Al salir del lugar, en donde solo los acompañábamos, los padres y dos testigos me dijo:

- Mamá no se afane, yo le prometo que algún día me caso como usted quiere. Por ahora él y yo queremos dar el paso de esta manera. Con Dios no se juega. Cuando se le promete algo a él, es para siempre. Estese tranquila, que yo sé que esté amor alcanza para por lo menos tres bodas más.

Sonreía, mientras me abrazaba.

Con sus propias manos, Alan el marido de Sol, construyo su pequeña y humilde casita.

Nada de lujos decía ella. Ya veremos cómo hacer, para que poco a poco todo mejore.

Estamos juntos y vamos a tener un bebé, ¡Qué más le he de pedir a la vida!

Yo soy feliz con lo que tengo y si el destino quiere darme más, bienvenido será.

P or cinco meses "la barriguita de Sol", creció de manera normal.

Era una mujer feliz, amando su vida, su embarazo y su mundo pequeño. Pero el destino incierto, quiso poner fin a la alegría de ser madre. Su embarazo, una tarde cualquiera se vio interrumpido con un nacimiento prematuro.

Diez minutos solamente, duraron los latidos débiles de ese frágil corazón. Un alma buena, que llegó y se fue, en el que era un momento feliz.

Recuerdo su cuerpito pequeño acurrucándose al de ella. Le abrazaba y al expirar su último respiro, sello el pacto de amor con lágrimas.

"Hay abrazos que queman, porque sabes lo que significan". Un momento que no se repite más.

Abrazos, lleno de lejanía y frío que quedan en el alma…

Al día siguiente de su perdida, los llevamos a casa.

Una casa en donde ya se notaba la alegría de su llegada . Cositas pequeñas , tiernos detalles , colores pasteles y decoraciones infantiles.

Un hogar, que no escucharía los llantos del lactante exigiendo que comer.

En medio de su dolor, Sol tomó entre sus brazos al pequeño niñito que había llamado Damián y le arrullo por última vez.

"Duerme, ya mi niño, vete tú con Dios. Angelito mío, vuela por favor".

Lo coloco en la cajita y en una procesión silenciosa le llevamos hasta el lugar en donde su sueño seria para siempre.

Esa muerte, le quito parte de su alegría. No era la misma.

Las personas luego de perder a un ser amado, cambian. No hay duda. Existe un antes y un después de pasar por ese camino tan lleno de espinas.

El sufrimiento fue mucho. Amaba la idea de ser madre y deseaba con ansias adormirse cada día en el olor de su piel.

Ella debía que tener todos los cuidados de una mujer recién parida, pero sin un hijo al cual abrazar.

La cuna vacía no ayudaba a sanar heridas, pero ella no estaba lista para sacarla de su casa.

Sus pechos juveniles, rompían en llanto cuando derramaron la leche que ya nadie tomaría.

Era triste verla abrazar entre sollozos, las pijamitas que le había comprado al bebé.

Paso un tiempo, hasta que pudo sentirse "preparada". Tomó las cosas y las guardó en un cajón.

- La vida sigue. — Decía mientras acomodaba las cosas.

"La noche más larga, jamás es eterna y nada mejor que dejar que el tiempo sea el que sane heridas".

Sol siempre aceleraba el paso en todo lo que hacía.

El tiempo es oro, la vida es fugaz, decía como queriendo adelantar el reloj y al mismo tiempo detenerlo para guardar lo lindo y borrar lo malo.

Tres meses después de esa dolorosa perdida, Sol volvió a quedar embarazada.

Era una hermosa noticia, pero a todos nos daba mucho temor.

Su cuerpo aún no había sanado del parto prematuro. Generaba horror, el tan solo pensar que algo malo sucediera y no soportara más tristeza.

Desde que Damiancito se nos había muerto, ella no había vuelto a sonreír y ahora era como tener de vuelta a la Sol radiante de siempre.

Ella deseaba ser madre, su corazón estaba diseñado para dar ese tipo de amor.

Está vez ese embarazo estuvo rodeado de muchos cuidados.

Sol padecía la enfermedad del asma. Sus ataques eran constantes.

En el sexto mes de embarazo, los doctores estaban muy preocupados por su alto riesgo. Su salud estaba quebrantada. Le sugirieron mayor reposo y en la medida de lo posible lo hizo tal cual la indicación.

Un internamiento rápido, luego de un episodio de ahogo. El parto era evidente para ese día.

Aun no era tiempo.

Quiso Dios darle el regalo de una niña, pequeñita, frágil, pero saludable.

-Se llamará María del Milagro. - Dijo extasiada por la felicidad.

- ¡Mírenla!, es perfecta. La cuidaremos mucho y crecerá.

- Es como las plantas. Quizás el viento quiera quebrarla o el exceso de agua ahogarla, pero yo me encargaré de cuidarla y crecerá fuerte.

¡Será como un árbol, que con el tiempo dará abrigo a quien camine bajo el sol y su sombra dará alivio en medio del cansancio!

El optimismo nuevamente presente en todo su esplendor.

¡Esa es mi muchacha!, le dije orgullosa. Puedes caer y descansar un rato, pero cuando te levantas lo haces generando impacto.

Así lo hicimos.

La pequeña María del Milagro, fue "cangureada", por varios miembros de la familia. Desde el momento de su nacimiento y hasta los nueve meses que debía completar, es decir, la cargamos en un contacto piel con piel por un lapso de tres meses.

Tres años habían pasado desde el nacimiento de Damián.

Las heridas sanan, la fuerza llega.

Un mundo de locura con la llegada de María del Milagro.

Una familia como tantas, con sus altas y bajos, pero con la unión de un amor tan bonito que siempre quedará en la historia.

Era costumbre, sentarnos a tomar café. Juntos los días domingo.
Nuestras casas quedaban lejos, por ello tocaba aprovechar al máximo la visita y hablábamos de todo un poco.

Ella tomó la palabra y haciéndose la misteriosa grito:

- Escuchen familia, ¡Los invito a mi boda!

Todos quedamos extrañados. ¿Cómo a tu boda Sol, si ya estás casada?

- Yo les dije hace un tiempo que este amor alcanzaba para tres bodas más. Mi maridito y yo nos queremos tanto que nos vamos a casar otra vez, pero está vez en la iglesia católica.

¿Podrán ustedes imaginar, el regalo tan hermoso que esa noticia significo para mí?

- "No es cualquiera la que se casa dos veces, con el mismo hombre y además le hacen fiesta", porque está vez si vamos a celebrar a lo grande.

Soy muy feliz. Decía enseñando sus hermosos dientes y la mirada llena de ilusión.

¡Qué lindo cuando una persona se vuelve agradecida con la vida! Cuando demuestra con cada acción, que se puede vivir bien.

Si tienes mucho, con todo eso serás feliz.

Si tienes poco, pero sabes el valor de cada cosa, la felicidad también será tu aliada.

Eso es quizás, lo que muchos no entienden. Y pretenden buscar felicidad en lo que no han tenido, sin aprender a valorar lo que ya tienen cerca.

Ese día comenzamos a realizar tantos preparativos como siempre los había soñado.

"Una pequeña fiesta, pero con buena comida", dijo mi esposo.
- Solo con la familia.

Todos reímos, pues sabíamos que eso de que fuera una pequeña fiesta, no sería cierto, ya que como es de suponer en pueblos como el nuestro, decir que solo ira la familia, involucra un mar de personas.
Así somos, donde está uno, están todos.

Por fin llegó el día esperado.

Ella lució hermosa, con un vestido largo color rosa. No quiso usar el blanco, le gustaba ser diferente.

Él, elegante con traje formal.
Su hija, junto a ellos con un hermoso vestidito de flores que yo le regale.
Una foto perfecta, que aun hoy conservo con cariño en un pequeño y maltratado álbum de fotos.

La celebración religiosa, fue hermosa.
Verlos intercambiarse sus anillos con la bendición de Dios, llenó mis ojos de alegría, que se desbordaba en lágrimas.

Al momento del brindis, en casa de su suegra, Sol con su manera alegre de ser, agradeció los muchos presentes que le habían llevado. Sin duda serían de mucha utilidad en su casita. Con sonrisa pícara y voz alegre dijo para finalizar.

- ¡Ahora sí!, a ponerle bonito, porque toca tener los siete niños que me faltan. Yo quiero tener muchos hijos.

Sonreímos y la fiesta se llevó por largas horas en un ambiente tan bonito que lo guardo con gran cariño y nostalgia en la memoria.

Ese mismo día cuando estábamos por marcharnos, Sol se acercó muy seria y me dijo:
- Mamá necesito hablar con usted.
- Lo que le tengo que decir es algo muy serio. "Regáleme a Sebastián".
- Yo sé que él es su hijo, pero estoy segura de que él estará mejor conmigo, que con usted. Quiero ser su mamá.

Extraña petición, pensaría cualquiera. Pero ya en otras ocasiones me lo había insinuado.

Sebastián prácticamente vivía en casa de Sol. Se refugiaba en ella y trataba de entender todo lo que por su vida pasaba.

Conmigo las cosas eran distintas. Tal vez por la forma en que me criaron y los tantos tabúes que existen con relación a "ciertos temas".

Muchas veces giré la espalda. No por maldad, sino por ignorancia. Pero la petición que Sol hacia era descabellada.

Una cosa es la protección y el amor que como hermanos se daban y otra el deseo de hacer legal algo tan serio como una maternidad.

¿Cómo te voy a regalar a mi hijo?, le dije con sonrisa temblorosa.

Y aunque yo vacilaba en el momento, vi en su mirada la seguridad de la petición.

Una solicitud que yo negaba por parecerme loca, pero que en el fondo sabía que era también deseada por él.

Sebastián tenía una condición particular de ser. En casa nos llevó tiempo asimilar.

Tontamente he dejado que lo que diga la gente, manejara mi vida. Pero ella siempre acepto y apoyo a mi niño en todo lo que sentía y experimentaba conforme los años pasaban.

Ella lo apoyo quizás como debí hacerlo yo desde el primer momento.

Sebastián, descubría en su cuerpo cambios como cualquier persona de su edad, pero se sentía distinto a lo que la gente le decía "era normal".

Él debía aceptar primero y entender ¿Qué sentían y como lo sentía?, para luego, lograr que los que estábamos a su lado, entendiéramos también.

Su personalidad, era débil. Por eso asimilar y entender fue difícil también para él. ¡Todo era muy confuso!

Por esa razón, en más de una ocasión se dieron entre nosotros muchos roces.

Yo no podía aceptar que ningún hijo mío dijera que tenía inclinaciones sexuales hacia personas de igual sexo.

Eso es malo, jamás puede ser. - Pensaba.

Vivíamos en un pueblo pequeño, ya lo he dicho. En donde tontamente se llenan y lo llenan a uno de prejuicios que interponen el aceptar a las personas tal cual son. Se pide respeto, y muchas veces erramos en darlo.

Sol esperaba mi respuesta.
Jamás regalaría a ninguno de mis hijos, le dije.
Aunque sabía que estaría bien con ella.

Le di la bendición y me marché a casa.

*P*asado un año y medio de su boda por la iglesia, Sol volvió a quedar embarazada.

Su salud había mejorado bastante. Todo apuntaba que su sueño por tener una familia numerosa seria realidad.
Siempre lo he dicho, sí la felicidad tuviera rostro, sería el de ella.

Está vez su embarazo había avanzado mucho más, se podía notar de mejor manera lo redondeado de su cuerpo.
La mujer embarazada tiene cambios tan hermosos y se perciben de a poquitos.

La gracias del creador, da vida y la engendra en seres fuertes.

Somos dichosas, de dar albergue a un ser que se desarrolla alimentándose de nuestro ser.

Crece, maravilla infinita de Dios. Formas tus obras, en la vasija imperfecta que es el ser humano. Pero te posas con grandeza al darnos el soplo de amor en vida. Grande eres tú mi Dios y gracias eternas al privilegio de la maternidad.

Una tarde, Marvin y yo fuimos a casa de Sol. A visitarla.

Estaba, algo enferma, con "dolorcillos". Tenía ocho meses de embarazo recién cumplidos.

Cuando llegamos estaba acostada reposando.

Apenas nos vio se levantó presurosa.

- ¡Qué mal, que me vean así!, Hoy he pasado un poco cansadilla, pero ya me voy a poner las pilas, para preparar un delicioso pan de elote, (aunque a ella no le gustaba).

Acuéstate, le dije. A sabiendas que mis palabras se las llevaría el viento. Era terca y sí ya se le había metido una idea en la cabeza, no existiría poder humano que la cambiara.

- "Ustedes son mis visitas y hay que preparar cosas especiales para la gente que tiene la voluntad de venir a verlo a uno".

- Tengo elotes recién cortaditos, los voy a atender muy bien y ustedes se acordarán siempre de mí.

Sacó un jueguito de porcelana nuevo, para que tomáramos café. Estaba muy bonito. Tenía hermosas flores azules decorando el fondo blanco.

- Me lo regalaron cuando me casé por segunda vez y quise estrenarlo para una ocasión especial. Hoy es buen día, vale la pena.

- ¡Los voy a atender de la mejor manera! Quiero que siempre recuerden este día.

-Me siento tan contenta que la gente que más quiero me visite. Hay me disculpan que esté un poquito lerda, pero este chiquito que llevó adentro está un poco inquieto y ya cansa mucho.

Debes descansar hija. Nosotros vinimos a visitarte y ayudarte un poco. No es para que tú te preocupes tanto y te pongas más trabajo.
Insistió tanto en preparar un tamal de elote y unas chorreadas, que mejor decidí ayudarle para que terminara y descasara un poco.
Hablando y haciendo las cosas con gusto el tiempo vuela.

No paso mucho, para que el olor delicioso de la preparación se impregnara por toda la casa.
Cuando estaba sirviendo el café, vio a unos trabajadores que salían del cafetal. Se asomó por la ventana y con un gesto amable grito.

- ¡Los invito a tomar café con nosotros!, Hay suficiente.

- ¡Vengan!, ustedes están cansados.

Así, que lo que había comenzado con una visita informal para velar por su salud, terminó convirtiéndose en una tarde de "tertulias amenas", con mucha gente, tal y como a ella le gustaba.

Esa tarde la pasamos tan bien que el temor por los dolorcillos que tenía, se había ido. Me despedí y me fui tranquila.

En ese tiempo no había teléfonos, donde nosotros vivimos.

Es un lugar rural, un hermoso paraíso rodeado de montañas.

Los caminos malos de lastre y la distancia de su casa a la mía tenían como a diez kilómetros de diferencia.

Al siguiente día, estaba yo cuidando las gallinas, cuando miré al marido de Sol acercarse a la casa muy agitado.

- Ella está mal. Vengan pronto. Tiene dolores y llora mucho. No es normal. Estoy preocupado.

Fuimos a prisa, Marvin estaba cerca y en carro era más rápido.

La casita de Sol era muy humilde, tenía solo tres aposentos, sala, cuarto y cocina.
Cuando llegamos se escuchaba desde afuera los gritos de dolor. Le ayude a prepararse para llevarla de inmediato al hospital. Estaba con asma, muy agitada y con dolores como de parto.

¡Vámonos ya, todo está listo!

Pero ella extrañamente, quería recorrer su casita como atesorando en su mente cada lugar. Tocaba las paredes, grabando en cada una con sus dedos, los momentos felices que paso allí.

¡Apúrate!
Es probable que el bebé ya quiera nacer. Pero ella insistía y yo no podía oponerme a ello. Lloraba mucho, recorriendo la casa. Por su rostro corrían lágrimas de manera descontrolada.
Tenía la fuente rota y comenzó a sangrar.

Para ese momento María del Milagro su hija, tenía dos años y medio. Le dije: Sol ¿Qué hago con la chiquita? y ella contesto:
- Mami, déjesela a la otra abuela, ella sabrá cuidarla bien.

Esas palabras tiempo después resonaron aún más en mi mente, ya sabrán luego porqué.

*C*uando por fin logramos montarla al carro, nos dirigimos de prisa al hospital.

Marvin, Alan, Sol y yo, temblamos durante el camino. Ella por el dolor, y nosotros de ansiedad y miedo.

A mitad del camino recorrido, en uno de esos brincos que el carro daba, por lo malo del camino, ella gritó fuertemente.

- ¡Pare papi, que, a mí, se me despego algo por dentro!

No puedo imaginar el dolor que sintió mi pobre niña en ese instante.

Los dolores de parto se intensificaban cada vez más. Estábamos terriblemente nerviosos y pensamos que se nos iba a "mejorar" de camino.

Varias veces la revise, pero todo apuntaba a que el bebé aun podía esperar. Lo malo, es que ella expresaba, otra cosa con sus gritos.

La crisis de asma se intensificó y sumado a los dolores de parto, comenzaron a ponerla en agonía.

Fue necesario pasarla primero a un puesto de cruz roja, en donde la atendieron y llevaron de manera urgente al hospital.

Ya en la ambulancia, yo sujetaba con fuerza su mano, dándole mi apoyo como madre y orando a Dios porque me la dejara llegar al Hospital a tener a su bebé.

Alan y Marvin, nos seguían en el carro.

Ella quiso que, yo le acompañara en el camino.

Estaba muy asustada. ¡Nunca la vi así!

Era domingo, cuando todo esto pasó.

Poco antes de llegar al hospital me dijo, mirándome fijamente a los ojos.

- Mami se va a llevar un gran susto conmigo.

Y me señaló con el dedo en indicación afirmativa.

¡No digas tonterías! Pronto todo esto pasará. Estás asustada. Ya viene el bebé, concéntrate en eso. Todo va a estar bien.
El bebé en su vientre se movía con fuerza. Inclusive le podía ver por encima de la ropa de Sol.

Al llegar, todo un equipo médico, la esperaba.
Le dije, Dios me la acompañar. Aquí la espero.
Y con la mano selle el adiós.
Una enfermera me solicitó llenar documentos de rutina para su internamiento.

Ya con los doctores a cargo, la pude ver un poquito más tranquila, solo era cuestión de esperar.

Fui a buscar en otra oficina el expediente de mi hija. Cuando iba, me tope con una capillita y aproveche para orarle al Señor.

Siempre he sido muy devota, así que invoque a cuanto santo conocía para que intercedieran ante nuestro Señor para que mi hija y nieto salieran con bien.

Alan y Marvin llegaron poco después. Les conté todo lo que había pasado.

Ellos ya sabían un poco. Mientras yo buscaba el expediente, mi marido se había colado. No sé ni cómo y logro verla antes de entrar a salón. Él le dio la bendición y le susurro al oído "Hasta luego chola", aquí la esperamos.

Pasadas dos horas. Nos dijeron que ella quedaba internada, pero que el bebé todavía no nacería, así que teníamos que irnos a casa.

No había teléfonos, así que era más complicado tener que esperar noticias así, pero ¿Qué más podíamos hacer?

Esa noche en casa descansamos, pero es lógico que no lográramos dormir. Estábamos preocupados.

El día lunes, no se dio mayor noticia. Todo parecía estar igual.

Cuando llego el martes, el esposo de Sol, llegó a mi casa muy temprano. Venía pálido y sudoroso. Le invité a pasar y le di un vaso con agua.

¿Qué me le paso hijito?, ¿Qué sabes de Sol?, ¿Llamaron?

Él mirándome fijamente y con los ojos llenos de lágrimas me dijo:

- Doña Julieta, el bebé que Sol lleva en su vientre está muerto. Aún no nace, se nos ahogó.

    ¿Cómo que se ahogó?, si yo le vi moverse con fuerza al llegar al hospital.

La noticia fue como una puñalada directa al corazón.

¡Qué dolor tan grande nuevamente para mi hija!, ¿Cómo podría recuperarse de esto?
Y ella ¿Cómo está?, ¿Ya sabe lo del bebé?

En ese momento, Alan guardo silencio. Bajó la cabeza. Brotaron lágrimas.
¡Contésteme por favor!, ¿Qué paso con ella?, dime ¿Cómo está Sol?
Con voz entrecortada dijo:

- La noticia de la muerte del bebé la puso muy mal. Está deprimida, sin voluntad. Se ahoga.
- Doña Julieta. Ella esta grave.

Sentí que todo giraba a mi alrededor.

Él se fue para su casa. Ellos tenían teléfono y tocaba seguir esperando llamada del hospital.

Yo me fui para la iglesia, necesitaba hablar urgentemente con el Padre de la Parroquia y sentirme un poco más cerca de Dios.

Lo que estaba sucediendo era muy difícil de entender. Mi hija, mi hermosa hija estaba grave y yo no podía hacer nada para ayudarla. Tampoco podía estar cerca.

"Son esos momentos en que la vida se pone de cabeza y uno no sabe ni que pensar o cómo actuar".

Todos estábamos muy preocupados.

Para empeorar las cosas, Sebastián estaba en crisis.

Su hermana, a la que vía como madre, estaba mal. Eso lo puso en una situación de crisis y dolor.

Las horas pasaron, el día se había vuelto eterno.

El destino tenía una sorpresa aún más fuerte y cruel.

La terrible noticia que mi nieto había muerto en el vientre de su madre, era solo el inicio del calvario que nos esperaba.

Dicen que en un pueblo pequeño las cosas se saben rápido Más, si son cosas malas. Y muchas veces el involucrado directo es el último en enterarse.

Por las calles del pueblo, se rumoraba que Sol, también había muerto.

Yo, había salido del templo y esperaba a que Marvin llegara. Estaba sola, en medio de la calle, cerca de la iglesia.

Una vecina imprudente, llegó a darme el pésame de la muerte de mi hija.

¿Cómo podía afirmar eso?

¿De dónde sacas eso que dices? Yo hable con Alan en la mañana y no me dijo nada.

Te exijo que me digas, ¿por qué dices eso?

Ella percatándose del error cometido, no tuvo más remedio que decir, que el propio Alan había recibido la llamada hace pocos minutos.

La nube gris, que se formaba anunciando la tormenta, se posó delante de mí. Sentí, un calor fuerte y al mismo tiempo un baño de sudor frío. Me volví loca entre dolor y desesperación. En ese momento las campanas de la iglesia sonaron y era costumbre que lo hicieran cuando una persona del pueblo había fallecido.

Marvin, llegó. Ya lo sabía. Venía muy mal. Pero en ese dolor que se notaba le desgarraba el alma, me decía que yo no debía llorar y prácticamente me lo prohibió. Quizás, una forma errada de hacerme entrar en razón.

Pero ¿Cómo callar al corazón y el alma cuando se quiebran y gritan con fuerza el dolor latente?

Solo las personas que han perdido a un ser querido pueden entender lo que se siente en un momento así.

Es un dolor que no se puede explicar con palabras.

Un dolor que rompe el corazón y el alma. Se te atora entre el pecho y la garganta y te deja sin respiración. Te nubla la mente y te mezcla todos los sentimientos.

Me desmayé.

Desperté en casa.

Alan y mi esposo se habían ido para el hospital. Yo estaba acompañada de una de mis hermanas. Mis otros hijos, no estaban. Sebastián, vagaba aferrado al dolor y perdido en la más triste desesperanza. Ricardo y Nohelia le buscaban.

Esperar noticias , hacen que el tiempo sea eterno. Noticias que siguieron siendo cada vez más fuertes.

Un vecino se encargó de estar al pendiente y traerme información de las llamadas que llegaban por teléfono en la casa de la suegra de Sol.

El bebé había muerto dentro de ella, así que tenían que trasladarla hasta la medicatura forense , para que le sacaran al niño y le practicaran la autopsia.

Así, que la idea de que el cuerpo llegará ese día era casi imposible.

Mi niña, mi pobre niña, ¿Por cuánto tiempo más te separaran de mí?

Recuerdo, que varios días después de la muerte de Sol, una trabajadora social del hospital llegó a nuestra casa y nos explicó como había sido su muerte.

Según nos contó, cuando el bebé murió Sol se percató que ya no se movía como antes.

Se puso muy nerviosa y alertó a los médicos de lo que sucedía. Ellos hace rato, no pasaban a revisarla. Cuando por fin, le prestaron atención, revisaron monitores y practicaron otros exámenes, que confirmaban la muerte del bebé.

La noticia fue recibida por ella misma, probablemente con palabras secas. El grito de dolor invadió el salón de maternidad. La tristeza, su única compañía.

- Mi bebé se ahogó, porque ustedes no me atendieron. Devuélvamelo, devuélvamelo.

Ella estaba terriblemente afectada, aun así los médicos insistieron en suministrarle, medicamentos para provocarle dolores de parto y que ella tuviera al niño de manera natural.

Pero, las ganas de vivir habían desaparecido. El asma, se incrementó y la hizo sentirse muy mal.

Le toco pujar, aunque no quería, ni tenía las fuerzas para hacerlo. En ese momento, se abrió la herida de la cesárea anterior y el útero se le desgarro sufriendo una hemorragia interna que acabó con su vida.

La negligencia era evidente.

Cuando estuvo en etapa crítica quisieron salvarla, pero ya era tarde. Había muerto.

Ambos se habían ahogado.

Ella iba mal y no la atendieron como debía ser.

Nosotros su familia teníamos el derecho de interponer una demanda por negligencia. Con un buen abogado seguro habríamos ganado el caso, eran muchas las pruebas.

Pero, ni la familia de Alan, ni la nuestra quisimos afrontar trámites legales. No contábamos con tanto dinero, para un proceso como este y decidimos dejar todo en manos de Dios. Qué sea él quien se encargue de hacer justicia.

Sol no era así, de pleitos ni demandas. Ella no lo habría hecho y nosotros tampoco.

Cuando por fin entregaron los cuerpos, dos días después de su muerte. Tenía preparado todo lo necesario para recibirla en mi casa. Llovía mucho, los caminos estaban llenos de lodo, y el frío era increíble. Nosotros contábamos con buen espacio y la casa estaba en sitio más accesible.

Yo solo quería estar toda la noche junto a su ataúd y llorarle mientras le hablaba de cerca.

Necesitaba desahogarme. Me había prohíbo llorar.

No sé qué paso, con la que antes era una familia unida y feliz.

Los padres y hermanos de Alan, se opusieron en todo momento en que llevaran los cuerpos a mi hogar.

El dolor que atravesábamos, en vez de unirnos, los separó.

Ellos no querían que nosotros sus padres y hermanos estuviéramos con ella. Cuando llegaron al pueblo, la llevaron a la que fue su casa. Marvin, se bajó del carro y se metió al cuarto, quizás a llorar. No podía hablarme.

Yo no entendía nada.

Nos prohibieron la entrada a la casa en donde estaba su cuerpo.

Me habían prohibido llorar y ahora me prohibían despedirme.

¡Es mi hija! ¡Está muerta!

Esperamos un poco. Y aún sin consentimiento nos fuimos para esa casa.

Llegamos. Todo estaba muy oscuro.

Ese lugar está alejado.

Tontamente se oponían, a permitir nuestra entrada. Sin embargo, en medio de tanto dolor accedieron a que estuviéramos allí, por un momento.

Nos acercamos despacio. En la sala un ataúd blanco, con dos velas al lado. Un ramillete de flores amarillas y un crucifijo plateado.

Le mire. Fue desgarrador.

Mi hija hermosamente vestida, con ese vestido que uso para su boda y su bebé en el regazo.

Una imagen que jamás desaparecerá de mi mente y probablemente de ninguna persona que la pudo ver.

Una madre joven, cargando en sus brazos a su pequeño hijo, pero sin la alegría que da la vida al hacerlo con amor.

Duele ver una persona adulta en una caja, pero un niño. Eso es algo sin palabras.

Me permitieron abrazarla.

La besé y le pedí perdón si en algo la había ofendido o maltratado.

Susurre a su oído.

Mi amor, que nada te até a esta tierra, descansa en paz.

Vuela muy alto y no dejes de iluminar mi vida con esa sonrisa que tanto amé.

Se que desde cualquier lugar en el que te encuentres me ayudarás con tu alegría y felicidad a seguir adelante, aunque yo sienta que muero de dolor.

El ambiente se había vuelto muy tenso. Los que estábamos directamente involucrados con esa tragedia, divagábamos entre dolor miedo.

Sentimientos que a final de cuenta se vuelven tus enemigos y te ponen en un punto neutro, de cara a las cosas buenas que tiene la vida.

La familia de Allan no me dejó pasar la noche de vela con mi propia hija.

Cerraron el lugar al igual que su mente, y no querían que yo estuviera allí. Ni tampoco ninguna persona de mi familia.

Con la cabeza baja, salimos mi esposo, nuestros hijos y yo. Caminando sin fuerzas, en la noche más oscura que jamás se ira de nuestra vida.

En casa lloré, todas las lágrimas que habían prohibido llorar…

Cuando el sol salió, le esperé como tantos días.

Quería cerrar los ojos y al abrirlos encontrar la realidad de siempre. Pero, sabía que no volvería más. Aun con la falsa ilusión que nos ciega, tenía mis pies sobre la tierra. ¡Y de verdad que pesaban mucho!

Era jueves. Día marcado por siempre en el calendario.

Tenía que despedirme de dos seres amados.

No me vestí de negro, Sol amaba los colores alegres. Y de esa manera quería honrarle.

En el templo, no me podían impedir entrar. Es la casa del señor y ahí todos somos bienvenidos.

Había mucha gente. Fue difícil llegar hasta las bancas del frente.

Entres saludos, palabras y abrazos dando el pésame. Así como la multitud abarrotándose en un lugar que se hizo pequeño, hacían casi imposible el paso.

Recorrí la alfombra roja, hasta el ataúd que contenía a mi hija. Mis pasos tambaleantes, el mareo constante, las mil voces dando vueltas en mi cabeza y el corazón roto en mil pedazos.
Nuevamente frente a ella, ahora con la luz del día.
Era imposible contener el llanto, y menos apagar el grito que salió sin permiso de mi ser.
Una imposición de mis sentimientos que se revolcaban en el más terrible impacto de desesperación.
En la celebración, Dios me dio fuerzas y logré leer la palabra. Una lectura que daba fe y esperanza. A él se le sirve todo el tiempo, sin importar la situación.

Desde el atril, pude ver con más claridad, tantas personas que demostraron su amor por ella y por la familia. Son gestos, que quedan guardados en la memoria. Y valen más que si te dieran un puñado de oro.

Era tanta la gente que asistió, que fue necesario que la policía nos escoltara para poder llegar al cementerio.

Sol era una muchacha común, pero con un brillo especial, que se notó en la presencia de tantas personas llorando por ella.

La pérdida de un ser querido siempre nos hace sentir soledad. Por eso en nuestra religión católica, acompañamos los primeros nueve días de la muerte de un ser querido, con oraciones a las ánimas. Pero la familia de Alan, también se negó hacerlo.

Querían estar solos, en su mundo. Hicieron los rezos, pero sin permitirnos llegar.

Así, que en honor a su alma y acudiendo a la devoción que Sol profesaba, organice con mi familia y vecinos un novenario en mi casa, pidiéndole a Dios por el eterno descanso de nuestros seres queridos y la unión de la familia.

La hija de Sol, María del Milagro, estaba con su papá. Yo quería verla, era lo que me quedaba de Sol, pero por increíble que parezca no me lo permitieron más.

Estaban cegados por el dolor y el miedo. Incluso contrataron un abogado y me dieron una orden de prohibición, para acercarme a ella.

Como si yo les fuera a quitar a la chiquita.

¡Jamás haría eso!

Ella estaba con su papá y mi Sol antes de salir de su casa, ese último día que compartí con ella, como si presintiera lo que iba a pasar me había dicho:

- "Deje la bebé a cargo de la otra abuela".

Y aunque en ese momento la intensión no era permanente, yo quería respetar esas sus últimas palabras, con relación a quien era la persona que debía criarla.

Solo quería verla y abrazarla. Tener el acercamiento que por derecho al ser su abuela tenía. Pero ellos no lo entendieron, se sintieron egoístamente amenazados.

Seis largos años pasaron desde aquel doloroso día.

Morir es un paso que todos debemos dar. Es quizás lo único que tenemos seguro desde el momento de nuestra concepción. Pero nadie desea toparse de frente con ella. Mucho menos, aprobamos la idea de perder a seres queridos.

La muerte podría interpretarse como liberación de cuerpo y alma. Quizás un descanso en medio de este mundo loco.

Morir significa vivir en Cristo. Vida eterna según tu religión.

Un paso al otro mundo, un suspiro a la eternidad.

¿Qué hay después de la muerte?, ¡Nadie lo sabe realmente!

Lo que es cierto, es que, durante el proceso de perdida, tenemos dolor. Mucho, fuerte y constante. Grande e hiriente.

Cuando falta alguien que amamos, toca acostumbrarse a vivir sin la presencia física de esa persona. Debemos soltarla y dejarla que se vaya. Con la única promesa de no olvidarla jamás.

Sebastián, mi hijo, quedó devastado con la pérdida de su hermana. Ella era ese soporte, de alegrías y penas que daba paz a su vida.
La soledad entró a su vida y se quedó acompañarle por largo tiempo. No había salida en medio del laberinto en el que se encontraba.
La nube negra que tenía frente a sus ojos, le impedían ver la luz en medio de su desgracia.

Una vida sin sentido, con la terrible confusión para su propio ser. Por ello, una tarde decidió que era momento de acabar con su vida. Estaba herido, cegado por tanto dolor.

Cuando una persona siente que todo lo que hace carece de sentido, o cuando el dolor tritura despiadadamente tu corazón, solo quedan pensamientos que dañan y alteran las ideas. Sientes que puedes terminar con tu vida y cerrar así el ciclo de dolor.

Lo que es cierto, es que no existe mayor tristeza, que la terrible soledad de no encontrarte a uno mismo.

Esa tarde, se dirigió al cementerio. Quería terminar su vida cerca del lugar en donde el cuerpo de su hermana reposaba.

Tomo un cuchillo e intentó abrir sus venas.

Apenas, logro rozar un poco su piel, cuando las lágrimas se mezclaron con el rojo fuerte que caía de sus muñecas.

Estaba decido, pero tenía miedo.

Un miedo que se fundamenta quizás en la esperanza de encontrar algo más. Un miedo, lleno de deseos porque te salven.

Se abrazó a la tumba y adorno con su sangre el recinto sagrado.

¡Cuánto la necesitaba!

Yo le había seguido. Lo vio muy mal, pero no le quise hablar al momento. Necesitaba afrontar la situación y hacerle ver que yo estaba ahí, que podía contar conmigo.

Se me partió el alma al verlo tan mal.

Me acerqué y le abrasé.

Le dije:

¡Papito, aquí estoy!

Todo empieza de nuevo aquí.

¡No me dejes!

De ahora en adelante, puedes contar con mi apoyo en todo, sin reclamos, sin preguntas.

Solo quiero que estés bien.

Perdóname por no escuchar, lo que mostrabas a gritos por tanto tiempo.

Nos abrazamos, mientras llorábamos.

Ese es otro tipo de abrazo. Lo sientes de afuera, hacia adentro. Sanando.

Toma tus heridas y las sostiene. Limpiando lentamente las manchas y el dolor.

Se vuelve luz, en la sombra y paz en la guerra.

Pocos minutos después, apareció ella. Su hija.

María del Milagro, casualmente llegaba a dejar flores a su madre.

Se acercó.

Me miró con esos ojos grandes, que asemejaban a los de Sol.

Su padre, guardaba distancia. Nos había visto y le permitió seguir hasta donde estábamos.

Una brisa fresca, en medio de aquel lugar. Una extraña paz y un rayo de luz directo a la tumba.

Era la señal que tanto le había pedido a Dios.

El milagro, estaba presente. Ver a mi nieta y tanto más la oportunidad de ser parte de la vida de Sebastián y sus sentimientos.

En medio de tanto dolor, María del Sol, quiso venir a nosotros a través de ella a despedirse una vez más.

Sebastián, lo entendió y lloró largo rato en mi hombro.

María del Milagro, era muy niña. Le miraba extrañada. Extendió sus manitas pequeñas y le dio una flor. Le dijo:

-No llores.

-Toma, es de parte de mi mamá. A veces sueño con ella y los veo a ustedes dos muy tristes buscándola. Ella está bien. Me lo dice siempre.

-Solo la pone un poquito mal, verlos a ustedes así. Ella es muy linda, tiene una gran sonrisa. Le gustan las flores de girasol, por eso siempre se las traigo. Ya no sufran más, yo los quiero mucho y ella también.

En mis oraciones siempre le pedí a Dios una prueba de que Sol estaba bien. Algo que me diera paz en medio de tanta guerra.

Esa breve conversación fue suficiente.
Gracias Dios, dije mirando al cielo.
Mi nieta estaba bien, nada le ha faltado, excepto su mamá.
Le han criado bien, con amor y atención.

No les guardo rencor. La amaban tanto que tenían mucho miedo de perderla.

Desde ese día. Allan le permitió a María del Milagro acercarse a nosotros, su familia.

Muchos días han pasado. Entre Sebastián, su padre y yo las cosas han mejorado. Le aceptamos y amamos tal cual es.

Logró liberarse y aclarar ideas. El brillo de sus ojos ha cambiado.

Es una persona con un hermoso carisma que estaba oculto.

Dejó de atar cadenas y extendió sus alas.

Encontró el amor, en una persona buena. Es feliz y yo con él.

"La felicidad, como decía Sol esta tan cerca y a la vez la vemos lejos. No hace falta buscar mucho, solo debemos abril bien los ojos".

Veintidós años después. La hija de Sol nos visita con frecuencia.

Es una hermosa mujer que nos reconoce como sus abuelos. El parecido a su madre es increíble.

Cuando le escucho hablar se me hincha el corazón y se llena de bellos sentimientos. Me cuenta que todavía conserva cosas de su madre y le gusta que le contemos historias de esa mujer que le vio nacer.

En su mirada veo orgullo y admiración.

Si llegaste hasta el final de esta historia, entenderás que es una de tantas con las que toparas en la vida. Algo real, en donde la peor pesadilla de una persona se hizo presente.

Jamás creí pasar por algo así, sinceramente creo, que nadie lo espera, aunque es lo más seguro que todos tenemos.

Lo normal es que los hijos sepulten a sus padres. No que los padres vean partir tan pronto a sus hijos.

El dolor llega cuando menos lo esperas. Ser fuerte, no es garantía. Existe un punto de quiebre para cualquier persona.

Soy creyente, en que existe un ser superior y por eso mi único gran consejo es: Nunca debes soltarte de la mano de él. Porque, por más difícil que sea asimilar algo o entender los mil porque, solo esa paz que trasmite su confianza es la que logra devolvernos la fuerza perdida.

Hoy la recuerdo con cariño y en mi mente la veo feliz corretear por la casa, gritando de alegría e ilusión cuando algo la motivaba. Montando su caballo y luciendo con cualquier cosa, su alegría particular.

Aún conservo sus cartas, sus juguetes favoritos, ese collar de pelitas blancas que tanto gustaba ponerse.

El dolor se ha trasformado y la vida me ha hecho más fuerte. Solo Dios en su infinita misericordia pudo darme las respuestas que yo necesita.

Todo va a salir bien, aunque todo este mal.

A veces el dolor nos ciega, nos deja marcas en la piel y en el alma, pero eso nos pasa porque nos volvemos locos en medio del dolor.

Los hijos no son nuestros, son prestados y eso lo sabemos desde que llegan a este mundo.

Dios no me quito nada. Él solamente recogió lo que era suyo.

Mariana Castillo

15-08-2022

Videos

María del Sol

Canción Luz de vida.

Nota de la autora

Escribo está serie "Más allá de las Fuerzas", con el fin de despertar conciencia en muchas personas acerca del dolor que pasan cientos de personas que viven el día a día en medio de problemas y situaciones extremas.

Dentro de las cuales solo el amor puede ser capaz de levantar dentro de sí mismos , esa energía que lleva a cambiar una situación vivida y salir de la oscuridad.

Quiero agradecer a mi equipo de trabajo por todo el esfuerzo que han realizado conmigo en la publicación de mi quinto libro.

No es sencillo y en el camino todos hemos aprendido . Seguramente cada uno ha buscado la manera de innovar y mejorar en cada trabajo realizado.

Yeiner Quesada, mi esposo e ilustrador, logra llevar el concepto de lo que trasmito en las páginas internas de cada libro , con dibujos sencillos, pero con un gran sentimiento.

Mario Madrigal, diseñador logra increíbles portadas y contraportadas que enamoran al lector con solo ver el mensaje que trasmite en cada uno de sus libros.

Priscilla Rivera, mi amiga y editora. Logra captar cada idea en videos sencillos que buscan dar un mensaje más coherente en temas fundamentales de la historia. Además de colaborar con todo lo relacionado al maquetado de los libros.

Luis Demetrio Castillo, mi hermano. Quien lee mi libro una y mil veces, para darme sugerencias muy atinadas con relaciona a la idea que quiero trasmitir.

Jimmy Castillo, quien colabora con la edición de videos y podcasts para dar mi página de YouTube y qr presentes en los distintos libros.

Gracias a todos, por trabajar conmigo en esta locura que busca dejar el legado de amor, para muchas personas a nivel mundial.

Mariana Castillo

Dedicado a la madre fuerte que narra está historia

A veces quisiera encontrar una fórmula mágica
para poder olvidar.
Sin tener en mi mente ese dolor que penetra
Esa daga en mi pecho, que tanto me atormenta.

He perdido un gran amor, hace mucho tiempo
ya,
pero le quero igual que antes, o quizás un poco
más.

No entiendo, ¿Por qué la vida, me ha hecho esta
mala jugada?
Era amor y alegría, nunca a nadie maltrataba.

Quizás las buenas personas, se cuelan directo al
cielo,
Son almas tan especiales, que se nos adelantan
ligero.

Cada día, a cada instante, te tengo presente en
mi mente,
Eres parte de mis recuerdos, mi pasado, mi
presente

El sentimiento sin duda cambia, al pasar de los
días,

los recuerdos quedan grabados, en instantes de
alegría.

El sentimiento humano, nos pone la vida de
cuesta,
pero solo cuando entendemos, aceptamos
tantas respuestas

Sin dejar cicatrices, a lo largo del camino,
y soltando lentamente a quien tanto se ha
querido.

Enlaces de contacto

Email   www.marianacastillo978@gmail.com

 Instagram

Facebook

Canal de YouTube

WhatsApp

Enlace a la
pagina
de Amazon

Made in the USA
Columbia, SC
09 September 2022

66573966R00069